LE TRAVAIL EST-IL LA LIBERTÉ ?

QUEL EST L'HOMME LE PLUS LIBRE ?

LETTRES
A DEUX AMIS

PAR

L'ABBÉ J. OLIVE

(DE CETTE)

Docteur en théologie de l'Université de St-Thomas

MONTPELLIER

FÉLIX SEGUIN, LIBRAIRE

Rue Argenterie

1873

LE TRAVAIL EST-IL LA LIBERTÉ?

QUEL EST L'HOMME LE PLUS LIBRE?

LETTRES
A DEUX AMIS

Montpellier, Imprimerie centrale du Midi

(Ancienne maison Gras. — RICATEAU, HAMELIN et Cie)

LE TRAVAIL EST-IL LA LIBERTÉ ?

—

QUEL EST L'HOMME LE PLUS LIBRE ?

LETTRES
A DEUX AMIS

PAR

L'ABBÉ J. OLIVE

(DE CETTE)

Docteur en théologie de l'Université de St-Thomas

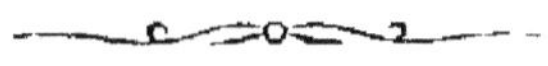

MONTPELLIER

FÉLIX SEGUIN, LIBRAIRE

Rue Argenterie.

—

1873

PRÉFACE

Après que j'eus composé le roman de *Georges et Louise*, plusieurs de mes connaissances m'ontdemandé si j'avais jeté au feu absolument toutes mes compositions précédentes, comme j'en avais pris la résolution il y a onze ans, selon que je le remarque dans la préface de ce roman : j'ai répondu qu'oui. Mais, leur ayant appris en même temps que, depuis six ou sept mois, j'avais écrit à deux de mes amis plusieurs grandes lettres, ils m'ont engagé à les demander et à les leur montrer. J'ai prié mes amis de m'envoyer la lettre de juillet et celle d'août (je leur ai écrit, depuis le mois de mai jusqu'au 1er novembre, une grande lettre par mois), comme étant les seules qui aient peut-être quelque valeur littéraire.

J'ai montré ces deux lettres à mes connaissances, qui, après les avoir lues, m'ont beaucoup pressé de les faire imprimer. J'ai fini par céder à leurs instances, pour leur être agréable et aussi afin de tirer quelque profit littéraire du travail que la correction de ces lettres allait m'occasionner; car, bien que j'eusse apporté à les composer un grand soin, j'ai dû, avant de les livrer à la publicité, les mettre encore sur le métier pour les polir et les repolir.

La première de ces lettres m'a demandé pour la corriger peu de temps et m'a coûté peu de fatigue ; il n'en a pas été de même de la seconde.

Je n'avais mis que quinze jours pour écrire la première, y consacrant une heure et demie par jour ; mais, quand je la corrigeai, il me fallut y consacrer beaucoup plus de temps : ce qui me donna de la fatigue et de la contrariété, et me fit prendre la résolution de commencer les suivantes le 1er ou le 2 du mois.

Je commençai donc la seconde le 2 août; je la terminai le 15. J'étais content : j'avais quinze jours pour la corriger et la transcrire. Mais, quand je voulus revenir sur le premier jet, il me fut impossible d'en déchiffrer une seule phrase. Ceux qui ont eu occasion de lire mon écriture me croiront sans peine.

Je ne m'arrêterai point à décrire ma colère en cette occasion. Que faire ? Je ne pouvais abandonner mon travail, cela étant contre ma nature. Je recommençai ma lettre, que je composai, corrigeai et transcrivis en quinze jours, et je l'expédiai le 1er septembre.

Sans doute, ma colère et mon ennui, et surtout ma fatigue, rendirent ma plume peu habile ; car, lorsque j'ai remis cette lettre sur le métier, il y a quelques jours, j'ai vu qu'il y avait beaucoup à faire pour la rendre passable. Je l'aurais abandonnée et l'aurais jetée au feu, et je n'aurais point pleuré, ce que j'ai fait quelquefois en brûlant mes écrits, tant l'ennui et le dégoût qu'elle me donnait étaient grands ; mais j'avais entrepris ce travail, comment reculer ? Je l'ai donc corrigée.

Si le vent du nord eût soufflé en ce moment, mon travail eût été moins pénible ; mais le vent du sud n'a cessé de régner, et, quand ce vent souffle, l'écrivain qui compose ou qui corrige ressemble à ces Israélites qui, au retour de la captivité de Babylone, rebâtissaient Jérusalem, tenant d'une main l'épée pour repousser les ennemis qui s'opposaient à leur dessein, et portant de l'autre les pierres et le mortier.

Ainsi, cette lettre a causé pendant deux fois mon désespoir. Je ne laisse pas que de l'aimer : car, quand un travail littéraire est pénible et exige de grands efforts, plus on apporte de soin et de patience à le faire, et plus on doit avancer à grands pas dans la carrière des lettres.

Je souhaite de tout mon cœur que ces deux lettres n'ennuient point, mais intéressent et récréent ceux qui entreprendront de les lire.

Cette, le 28 décembre 1872.

LE TRAVAIL EST-IL LA LIBERTÉ ?

PREMIÈRE LETTRE

LE TRAVAIL EST-IL LA LIBERTÉ?

Cette, le 31 juillet 1873.

Chers amis,

Je ne sais si ma dernière lettre vous a causé du plaisir ou de l'ennui : elle m'a rendu malade ; et mon mal aurait été long, si je n'avais fait en ce moment le pèlerinage de Lourdes.

Je résolus de faire ce pèlerinage, en partie pour calmer mon irritation nerveuse, et pour me remettre de ma fatigue, par le voyage, la vue des Pyrénées, l'air pur des montagnes. Mais plusieurs jours devaient s'écouler avant celui du départ. Que faire? Je continuai à étudier, à peu près comme à mon ordinaire, comptant sur les distractions du voyage pour me remettre de toute ma lassitude. Mon mal empira. La veille du départ, ma souffrance était extrême : mes bras et mes jambes étaient autant fatigués que ma tête ; et mon estomac, ne voulant pas être ridicule sans doute, était malade comme eux.

Il fallut pourtant me remettre un peu à la hâte, afin d'avoir du moins assez de force pour me rendre à la gare. J'employai les deux remèdes dont j'use dans mes maladies : je pris un bain chaud le soir, la veille du départ ; j'avalai deux pilules à huit heures. Je me levai plusieurs fois la

nuit. Le bain calma mon irritation nerveuse, les pilules arrangèrent un peu mon
estomac ; et le lendemain, à deux heures
de l'après-midi, j'allai à la gare clopin-
clopant, et je partis à quatre heures pour
Lourdes.

Eh bien ! qu'arriva-t-il ? Écoutez. Nous
partîmes à quatre heures du soir : nous
passâmes toute la nuit en chemin de. fer ;
nous arrivâmes à Lourdes à cinq heures du
matin. Je restai sur pied ou à genoux jusqu'à midi ; alors j'allai à Pau, que je par-
courus en tous les sens pendant quatre
heures, ne cessant de marcher. Je revins
à Lourdes, où un artificier de Toulouse, à
qui je demandai quelques détails sur son
art, n'ayant personne pour l'aider, me prit
sans façon pour son ouvrier, et, pendant
une heure et demie, me fit courir avec lui
sur la terrasse de l'église pour allumer des
feux de Bengale, faire partir des bombes et
lancer des fusées. Je couchai dans l'église,

sur deux chaises d'abord, puis sur une planche. Je me levai à deux heures ; je dis la messe à trois ; enfin nous repartîmes à la pointe du jour, et nous arrivâmes ici à huit heures du soir.

Je devais être assurément rompu, brisé, mort. Pas le moins du monde. Pour faire reposer les nerfs, il faut faire travailler les muscles ; il faut aussi des distractions ; et, vous venez de le voir, ni le mouvement, ni les distractions ne m'avaient manqué.

Arrivé ici, je me demandais comment je me portais, car je n'avais point encore songé à me faire cette demande : j'étais guéri ; je me portais très-bien. J'eus beau même chercher dans mon esprit, je ne pus trouver le moment auquel mon mal avait disparu : ma grande irritation nerveuse avait cessé, ma tête et mes membres étaient complétement remis ; et mon estomac, pour faire encore comme eux, s'était guéri aussi.

Bon ! dis-je, en me tâtant et me sentant frais et dispos, il n'a fallu que deux jours de voyage et de distractions pour te remettre de la fatigue causée par ta grande lettre ; dès demain tu vas commencer une lettre semblable. Car il en est ainsi chez moi : un travail, une heure d'étude que j'ajoute à ma tâche ordinaire, me rend malade ; je cesse d'étudier, je me repose et me distrais. Une fois remis, je reprends ce même travail ajouté à mon travail précédent, et j'en porte le poids sans fatigne. C'est là ce qui fait que je vous écris encore une autre grande lettre.

Ce qui me porte aussi à ajouter ce travail à ma tâche habituelle, c'est le plaisir que la lettre du mois dernier me fit éprouver.

Si cette lettre me rendit malade, je ne vous cacherai pas qu'elle me causa du plaisir. Je ne sais si je ne me fais point illusion, mais il me semble que cette lettre est assez bien écrite, que le sujet en est traité d'une manière passable ; et que, si je l'avais lue dans une assemblée, au lieu d'ennuyer mon auditoire et de l'endormir, je l'aurais intéressé et lui aurais fait partager vivement les sentiments qu'elle contient.

Je ne crois pas me tromper : si cette lettre a beaucoup de défauts , si c'est encore là un travail bon pour le feu , il me semble pourtant qu'elle indique un progrès, un pas rapide vers la perfection .

C'est là ce qui fait battre agréablement mon cœur : je vois mes efforts, mes travaux de onze ans, couronnés de quelque succès.

Ces succès m'obligent à ajouter à ma tâche ordinaire et à renouveler mon ardeur pour l'étude : obligation douce, que j'accepte avec joie, le travail étant pour moi un besoin, une passion, une volupté.

Ainsi j'ai pris la résolution d'écrire chaque mois une longue lettre, cet exer-

cice devant m'être de la plus grande uti-
lité. Quelle ne sera point ensuite, en effet,
ma facilité pour composer des sermons
ou faire des livres, quand pendant quatre
ans j'aurai écrit, chaque mois, une lettre
de huit, dix ou douze grandes pages?

Trouvez-vous des inconvénients à ce que
je vous écrive une longue lettre par mois?
Alphonse me dit que vous recevez et que
vous lisez mes lettres avec plaisir ; d'autres
ne voudraient point les recevoir, ou ne les
liraient point, ou les liraient avec ennui et
humeur, et je serais moins porté à les
écrire avec soin. Je traiterai toujours dans
ma correspondance des sujets dont vos
réponses, ou des circonstances de temps et
de lieu que vous connaissez, me donneront
occasion ; de cette sorte, je ne pourrai
manquer de vous intéresser.

En consentant à ce que je vous écrive
une grande lettre par mois, vous m'aiderez
dans les efforts que je fais pour acquérir

la science et apprendre à écrire; vous prendrez part en un sens à mes travaux, et plus tard vous en partagerez la gloire, si vous comptez la gloire pour quelque chose.

Je commence ma lettre du mois de juillet.

Quel sujet vais-je traiter? Alphonse me disait il y a un mois, en m'écrivant, que le travail est la liberté. J'ai pensé souvent à cette parole depuis la lecture de la réponse qui la contenait, et j'ai résolu aujourd'hui d'en faire le sujet d'une grande lettre.

Je n'ignore pas combien il est difficile de parler de la liberté, et surtout de prouver comment le travail est la liberté. Mais j'ai résolu d'apporter à ce sujet toute mon application et tous mes soins, et je ne désespère point de le traiter d'une manière satisfaisante pour vous et pour moi.

Comment le travail est-il la liberté?

A considérer d'abord le plaisir que j'é-
prouve en travaillant et que vous éprouvez
aussi de votre côté, je ne puis m'empêcher
de m'écrier : Oui, le travail, c'est la liberté.
Et, cependant, je ne laisse pas de voir
bientôt et de sentir que le travail, c'est l'assujétissement, c'est la dépendance, c'est
l'esclavage. J'ai accepté de faire tel ouvrage afin de gagner un peu d'argent pour
me nourrir, me vêtir, payer mon logement;
ce travail doit être fini ce soir ; je ne puis
sortir que je ne l'aie achevé : tous les mo-
ments de la journée étant à peine suffi-
sants, je ne suis point libre. La pensée me
vient pendant ce temps d'aller écouter
cette belle musique dont je ne reçois que
quelques accords ; je sens le besoin de
respirer l'air frais sous les arbres de la
promenade ; mon corps est las, mon esprit
n'en peut plus ; je continue l'ouvrage que
je dois finir : je ne suis point libre.

Êtes-vous libre, Alphonse, de ne point

travailler, quand le samedi est arrivé, que
la veille d'une fête est venue, et que l'on
vous a fait promettre de remettre le soir
ou le dimanche matin ce que l'on vous a
commandé? Non, vous n'êtes point libre ;
et, si le jour ne suffît point pour terminer
votre travail, vous veillez bien avant dans
la nuit, quelquefois même vous passez la
nuit entière courbé sur vos livres ou sur
vos cahiers.

Mon assujétissement est moins grand
que le vôtre : je ne dépends de personne ;
personne ne vient me dire à toute heure
de la journée : Faites ceci, faites cela. Je
parle de mes études ; car, pour mes élèves,
je suis esclave comme vous. Mon assujétissement est moins grand, et cependant je
ne suis point libre. Je ne suis point libre de
ne point étudier. C'était la fête de notre
montagne, hier ; les maisonnettes dont elle
est couverte étaient remplies de monde.
Le soir, on tira des feux d'artifice. J'étais

dans le salon qui donne sur la promenade
du Château-d'Eau ; j'entendais les détona-
tions des fusées et des bombes ; j'étudiais :
je ne me levai point pour aller sur la terrasse qui donne sur la montagne. Je faisais
le travail indiqué pour cette heure de la
journée, je ne pus quitter mon livre. N'é-
tais-je pas esclave ?

Mais après toutes ces réflexions sur mon
assujétissement, qui prouvent ma dépendance et mon esclavage, je ne puis pourtant m'empêcher de dire, en réfléchissant
de nouveau, que je suis libre et que vous
l'êtes aussi. Car vous êtres libre de laisser votre travail et de sortir, vous êtes
libre d'aller écouter la belle musique dont
vous ne recevez que quelques accords,
vous êtes libre de quitter votre maison
où il fait chaud et d'aller respirer l'air
frais et pur sous les arbres de la Perspec-
tive.

Et, moi aussi, je suis libre : je puis fermer mes livres et m'en aller..J'étais libre hier au soir de cesser d'étudier et d'aller sur la terrasse de la maison, pour jouir de la vue des feux d'artifice. En ce moment, je suis parfaitement libre de quitter la plume, de sortir et d'aller me promener. Je me sens libre d'étudier ou de ne point étudier. Mon travail n'est donc pas un assujétissement, un esclavage ; quand je travaille, je ne suis point esclave, je suis libre.

J'ai beau répéter cette parole quand je travaille : « Je suis libre, le travail c'est la liberté », je ne tarde pas, un moment après, à sentir en moi-même combien je me trompe. Non, le travail n'est point la liberté, c'est l'assujétissement, c'est l'esclavage. Hier au soir, j'avais la pensée d'aller voir les feux d'artifice, je sentais le besoin de jouir du plaisir agréable que donnent pendant la nuit des arbres, des rochers, des maisons blanches illuminés par des feux de Bengale, rouges, blancs, verts, violets ; des rondes d'hommes, de femmes, d'enfants, qui dansent ou sautent et tournent autour de grands feux pétillants : je ne me levai point. J'étais harassé de fatigue : j'avais étudié toute la journée ; me reposer et me distraire m'était commandé par mon esprit et mon corps. Je continuai à étudier, courbé sur mon livre. J'étais comme cloué sur ma chaise ; j'étais esclave : j'étais esclave comme le forçat du bagne, qui, après le travail de la journée, se couche dans sa casemate, le pied dans une chaise attachée à la muraille.

Et votre esclavage, Alphonse, est le même. Pourquoi donc avez-vous écrit cette parole : Le travail est la liberté ? Vous n'êtes pas libre, vous êtes esclave. Vous ne quittez point votre ouvrage pour aller chercher le frais quand il fait chaud ; vous ne vous reposez point quand vous êtes fatigué ; vous veillez bien avant dans la nuit, alors que le sommeil appesantit vos paupières.

Non, vous n'êtes point libre, vous êtes esclave. Oui..., c'est cela..., vous êtes.... esclave....; et, néanmoins, si vous avez écrit cette parole : Le travail est la liberté, c'est parce que vous sentiez, en l'écrivant, que vous êtes libre, tandis que vous travaillez. Et, moi aussi, je me sens libre quand je travaille, et suis prêt à m'écrier comme vous : Le travail est la liberté.

Ces dernières réflexions me semblent vraies. La vérité m'en est montrée par le souvenir de ce savant qui passait les jours et les nuits dans sa bibliothèque, occupé à travailler, et qui avait écrit sur sa porte : *Ici, je vis et je règne.* Il était libre, ce savant, puisqu'il se considérait au milieu de ses livres comme un roi sur son trône. Qui est plus libre qu'un roi ? Le travail était donc pour lui la liberté.

Et, tandis que je prononce cette parole, je ne puis m'empêcher de comparer ce savant au prisonnier dans sa casemate, le

pied dans une chaîne rivée à la muraille.
Ce savant peut se lever et sortir, il est
vrai ; mais il reste, il ne sort pas. Il éprouve
souvent le besoin de se reposer, d'aller
respirer l'air frais et pur : il ne sort pas ;
il reste assis devant sa table d'étude, la
tête dans ses mains, les yeux sur son livre
ou sur son papier.

J'entre par la pensée dans le cabinet de
ce savant : il est immobile. Je cherche par
terre, à ses pieds, au mur, la chaîne à laquelle il doit être attaché : car, jour et
nuit dans son cabinet d'étude, il est plus
esclave que le forçat du bagne. Cette chaîne
n'existe pas. C'est la passion de la science
et de l'étude qui le tient attaché : c'est là
la chaîne qui fait de cet homme un esclave.
Terrible esclavage, terrible chaîne qui en-
lace sa tête et son cœur, et ses mains et
ses pieds, et tout son corps. Il est maigre
comme un squelette, parce qu'il mange à
peine. Quitter ses livres pour s'asseoir à

une table et manger, c'est pour lui un ennui, un supplice ; et il ne se résout à prendre quelque nourriture que lorsque la fai-
blesse lui donne le vertige et l'empêche
d'étudier. Il sait que je suis là ; que je vais,
que je viens, que je m'arrête, que je tourne
autour de lui, que je lui parle, que je l'interroge ; il ne répond pas, il ne me voit
pas, il ne m'entend pas, tant tout son être
est absorbé par l'étude. Tout en lui est esclave de son travail : et son corps, et ses
sens, et son esprit.

Je le quitte ; je m'éloigne de cet étrange
esclave, chassé par l'odeur de servitude
qui s'exhale autour de lui. Je sors de son
cabinet d'étude avec précipitation, en
criant : « Non, le travail n'est point la liberté »; mais, en fermant sa porte, je lis
écrit sur le panneau : *Ici, je vis et je règne;*
c'est-à-dire : Ici, je suis libre ; le travail,
c'est le sceptre et la couronne, c'est la
liberté. Eh quoi ! cet homme, ce savant

est donc libre ! Le travail est donc la liberté ?

Fatigué et ennuyé de ces contradictions, je me transporte par l'imagination dans la campagne; je m'assieds au pied d'un arbre, au bord d'une rivière. Je chasse de mon esprit toutes ces idées qui font mon tourment et mon ennui; je ne veux plus réfléchir, je ne veux plus raisonner, je ne veux plus penser. Que l'homme soit libre ou esclave ; que le travail soit la liberté ou l'esclavage, je ne veux point le savoir. J'abandonne mon esprit et mes sens au spectacle ravissant que j'ai sous les yeux et au charme enivrant de la solitude et du silence.

Je suis assis au pied d'un arbre, sous son ombre ; mon bras droit est appuyé sur mon genou, ma tête posée sur la main. Je promène mes yeux, fatigués par le travail de tout à l'heure, sur le paysage qui m'environne.

3.

Une pelouse est à mes pieds et s'étend jusqu'à la rivière qui coule à quelques pas. Cette rivière a peu de profondeur; son lit est semé de pierres que l'eau couvre entièrement, mais sur lesquelles elle saute et ressaute et forme de petites ondes avec de l'écume. Ces ondes, en sautant et en ressautant, murmurent doucement et me font éprouver je ne sais quel plaisir doux et mélancolique

Au delà de la rivière, j'aperçois des prairies plantées d'arbres, puis des terres en monticule avec de la vigne, plus loin des montagnes boisées qui s'élèvent vers les nues. Les montagnes suivent le cours de la rivière, et, en se prolongeant à droite et à gauche, semblent se confondre avec celles qui sont derrière moi.

Nous sommes au mois de juin. Le soleil est levé depuis quelques heures; il a dépassé les montagnes que je vois au loin, il donne sur mon arbre et semble se jouer dans ses feuilles. Ses rayons dorent l'écume blanche des petites ondes de la rivière, et font dans ses ondes comme des paillettes d'or, qui montent et descendent et s'enfuient avec elles.

Le tableau que j'ai devant les yeux ne tarde pas à calmer mon agitation ; il dissipe mon ennui et me fait oublier ma contrariété. Je regarde tour à tour la pelouse, les arbres, les coteaux, les montagnes, la rivière avec ses ondes qui écument et leurs paillettes d'or qui scintillent, et mon cœur reprend son mouvement habituel. Mon esprit ne pense plus ; mes sens sont tranquilles.

Tout à coup je sens l'émotion qui s'empare de moi. Je m'attendris, des larmes remplissent mes yeux.

Je ne sais pourquoi je suis ému et pourquoi je pleure. Est-ce parce que je n'ai pu trouver tout à l'heure ce que je cherchais ? Est-ce parce que ce travail m'a causé de la fatigue, m'a fait éprouver de la contrariété ? Suis-je ému à cause du paysage que j'ai devant les yeux, à cause du jour naissant, de la fraîcheur, des oiseaux qui chantent, d'un oiseau que je vois sur un arbre de l'autre côté de la rivière, et qui donne à manger à ses petits qui crient, tendant à l'envi le bec vers lui, se soulevant et agitant leurs petites ailes où les plumes commencent à naître ? Ce sont probablement ces différentes choses qui font naître mon émotion et causent mes larmes.

Mais je suis bientôt tiré de mon attendrissement par le bruit de quelques sonnettes. Un homme déjà avancé en âge, s'appuyant sur un bâton, vient vers moi, suivant le cours de la rivière : il conduit trois chèvres. Il passe devant moi, se découvre, et il dit : « Bonjour, Monsieur. » Je lui réponds brusquement : «Bonjour», fâché que je suis contre lui et ses chèvres, qui viennent me troubler au milieu de mon repos et de mon attendrissement si doux.

Quand il a fait quelques pas, je me tourne vers lui et le suis des yeux, tandis qu'il s'éloigne avec ses chèvres.

A un endroit, à ma droite, la pelouse se rétrécit, puis finit. Le sentier continue et monte sur un rocher dont l'eau baigne le pied. Arrivé sur ce rocher, l'homme s'arrête, s'appuie sur son bâton, et attend que les chèvres viennent à lui. Une d'elles broute dans le sentier, les deux autres ont grimpé sur le flanc de la montagne, et, leurs pattes levées et posées sur un arbuste, elles en arrachent et en mangent les feuilles.

Je contemple ce tableau : il a je ne sais quoi de touchant et de beau, il ajoute un nouvel éclat au paysage qui se déroule devant moi. Mon attendrissement revient. Je souris à la pensée de ma mauvaise humeur de tout à l'heure, et je me reproche ma brusquerie. Je voulais du mal à cet homme et à ses chèvres, et maintenant je le remercie du plaisir qu'il me fait éprouver. Ainsi l'homme s'irrite souvent contre des êtres qui ne le contrarient un moment que pour lui faire goûter ensuite les plaisirs les plus doux et les plus suaves.

L'homme et les chèvres disparaissent. Je me remets à contempler la pelouse, la rivière, les arbres, les montagnes.

Depuis quelques instants, le soleil, passant par un endroit laissé libre par les feuilles, donne sur ma tête et m'incommode. Je me pousse un peu afin de l'éviter. Après ce mouvement, j'appuie le dos contre le tronc de l'arbre, et je lève mes yeux en haut : le soleil perce à travers les branches, quand la brise les remue, et, sans que je souffre de ses rayons, je le regarde.

Je réfléchis sur cet astre, et je me dis : Tous les jours le soleil se lève ; il monte doucement dans le ciel ; arrivé à un certain point, il se penche vers l'horizon ; il descend peu à peu, et finit par disparaître.

Sa course ressemble à une pierre qu'un enfant jette, qui s'élève vers le ciel, décrit une courbe plus ou moins grande, puis descend vers la terre et tombe. Mais, si le soleil décrit chaque jour la même courbe ; s'il se lève à peu près à la même heure, arrive au haut de sa course à la même heure, se couche à la même heure, il n'est pas libre ; il est esclave.

Sans doute, ce n'est pas le soleil qui monte dans le ciel ; c'est la terre qui tourne sur elle-même et produit le jour et la nuit ; qui tourne elliptiquement autour de lui, et produit les saisons par l'élévation ou l'abaissement de ses pôles par rapport à cet astre. Mais, si le soleil est fixe dans le ciel ; s'il ne cesse de lancer dans l'immensité de l'espace ses rayons et son feu ; enfin s'il tourne régulièrement sur lui-même en vingt-cinq jours et demi, il n'est pas libre, il est esclave. Une chaîne semble le retenir au milieu de la terre et des planètes, depuis six mille ans qu'il a été créé et fixé dans le firmament.

Et je m'étonne qu'un astre qui est 1 million 280,000 fois plus grand que la terre, dont les rayons et la chaleur ont une puissance si irrésistible sur notre planète, éloignée de lui de 140 millions de kilomètres; qui, placé au milieu du système planétaire, commande en quelque sorte à tant d'astres, les retient toujours, par l'attraction, dans le même ordre et à la même distance ; je m'étonne que ce grand astre soit esclave. Je ne puis douter cependant de l'esclavage du soleil, car rien ne fait voir en lui pas même un brin de liberté.

Je m'étonne que le soleil soit esclave. Mais la terre non plus n'est pas libre. Elle tourne uniformément sur elle-même en vingt-quatre heures, présentant régulièrement au soleil tantôt une face, tantôt une autre ; c'est là sa première chaîne. Elle tourne autour du soleil d'une manière régulière en 365 jours 48 minutes 49 secondes, suivant un cercle elliptique dont rien ne la détourne, avec un pas rapide qu'aucun obstacle n'arrête ni ne ralentit. Dans cette marche autour du soleil, elle nous donne successivement, et toujours dans le même ordre, le printemps, l'été, l'automne, l'hiver.

Cela m'étonne encore que la terre, dont j'admire chaque jour les richesses si éclatantes et si variées, tourne ainsi sur elle-même, et, par un autre mouvement, soit emportée autour du soleil d'une manière aussi régulière. La terre est donc aussi esclave.

Après cette conclusion, je ne puis m'empêcher de m'écrier : Mais alors tout sera esclave dans l'univers. Le soleil est esclave, la terre est esclave, la lune qui tourne autour de la terre, et tourne avec elle autour du soleil, est aussi esclave. Les autres planètes, qui gravitent comme la terre autour du soleil, à une distance plus ou moins grande de cet astre, sont encore esclaves.

Les étoiles fixes sont esclaves : je les vois toujours à la même heure, à la même place dans le ciel, et cette place, elles l'occupent depuis six mille ans : les astronomes anciens qui ont parlé d'elles leur donnent dans le ciel et entre elles la même position qu'elles ont encore aujourd'hui. Le marin perdu au milieu de l'Océan ne se trompe point : c'est l'étoile polaire qu'il voit là, et qui lui dit que, pour arriver au port qu'il cherche, il doit suivre telle route.

Les comètes sont aussi esclaves ; elles dont la course semble dévergondée, qui, avec leur chevelure flottante et leur marche rapide, ressemblent à des folles ; leur course n'en est pas moins réglée que celle de la terre, de la lune, du soleil et des autres astres. On a calculé la révolution de

la plupart d'entre elles, et au jour fixé
elles apparaissent sur l'horizon, et puis
disparaissent au bout de quelques jours,
à l'heure indiquée par ceux qui ont étudié
leurs lois.

Ainsi le firmament, avec le soleil, les
planètes, ses étoiles fixes, ses comètes,
c'est l'esclavage : ces millions d'astres sont
esclaves.

Assurément, chers amis, vous avez été
saisis d'étonnement quand il vous est arrivé de vous trouver dans la campagne
par une nuit sans nuage et tranquille ;
vous avez été saisis d'étonnement par le
silence qui régnait dans le ciel. Les mil-
liers d'astres que vous contempliez dans le
firmament ne faisaient pas plus de bruit
que n'en fait un brin d'herbe en se rele-
vant, quand le soleil sèche la goutte de
rosée qui l'avait incliné pendant la nuit.
Oui, ce silence d'esclaves qui régnait dans
le ciel, assurément, vous a saisis d'étonne-

ment ; ces millions d'astres étaient comme attachés à des chaînes ; ils étaient là, dans le ciel, à leur place, immobiles et muets. Tout à l'heure, en considérant la liberté de l'homme, j'ai trouvé en lui de la liberté et de l'esclavage. Dans le firmament, je ne découvre point de liberté ; j'ai beau chercher, je ne trouve que des chaînes. Car, enfin, si ces astres étaient libres, ils auraient du moins, depuis six mille ans qu'ils existent, usé une fois de leur liberté. Jamais on ne les a vus quitter la place qu'ils occupent.

Mais les étoiles filantes ? Esclaves aussi : elles sont les esclaves d'une force qui les pousse et les précipite, comme la pierre que l'enfant lance vers le ciel, arrivée à une certaine hauteur, est attirée violemment et irrésistiblement vers la terre.

Je ne m'arrêterai point après la considération des astres brillants semés dans la voûte du ciel ; l'esclavage de ces astres, loin

de me donner du dépit et de l'ennui, ex-
cite ma curiosité. Je veux voir si les êtres
qui peuplent la terre sont esclaves comme
les astres du firmament.

Ma curiosité ne tarde pas à être satis-
faite. Les minéraux, les montagnes, les ri-
vières, les fleuves, les étangs, les mers ;
l'herbe, les fleurs, les arbres, les arbus-
tes ; les animaux, les oiseaux, les reptiles,
les insectes, les poissons, tous ces êtres
innombrables qui couvrent la surface de la
terre, sont aussi esclaves.

Les montagnes sont attachées à la terre
et tournent avec elle en vingt-quatre heures ; elles tournent aussi avec elle autour
du soleil. Rien ne peut les ôter de leur
place : elles sont esclaves ; et, si des rochers
en sont arrachés par le fer ou par la pou-
dre, ces rochers deviennent les esclaves
d'une force violente.

Tous les êtres du règne minéral sont esclaves ; et l'eau qui coule devant mes yeux,

et toutes les eaux qui sortent des montagnes et se rendent à la mer, sont les esclaves de la force qui les entraîne. Et la vapeur et le gaz qui s'élèvent dans l'atmo-
sphère ; et le sel, dont l'homme fait l'usage
qui lui plaît ; et l'électricité, qui porte en
quelques secondes ma pensée à l'autre
extrémité du monde ; et la lumière, qui
peint si fidèlement mon portrait, sont esclaves.

Les minéraux n'ont point de vie ; c'est
là peut-être la raison de leur esclavage.
Mais les végétaux, qui vivent, naissent,
se développent, produisent des êtres semblables à eux, ne sont-ils pas libres ?

Les arbres que j'aperçois, qui vivent et
qui respirent ; celui au pied duquel je suis
assis, qui font l'ornement de cette vallée,
sont esclaves : esclaves comme les minéraux, dont ils suivent le double mouvement;
esclaves par leurs racines, comme les
montagnes par leur base. Ils sont escla-

ves des vents, qui agitent leurs feuilles et leurs branches et font balancer leurs cimes ; du soleil qui les éclaire ou les plonge, le soir, dans les ténèbres de la nuit ; de la neige qui s'amoncèle sur leurs branches, et quelquefois les brise et les fait mourir. Ils sont esclaves du printemps qui fait naître leurs feuilles, et de l'automne qui les sèche et les fait tomber. Les oiseaux viennent faire leur nid dans leur feuillage, et ils ne peuvent s'en défendre ; ils ne peuvent repousser l'enfant qui grimpe sur leur tronc, monte dans leurs branches, déchire leur écorce et leur fait mille blessures. Enfin, quand l'homme abat un arbre, met ses branches au feu, fait de son tronc des siéges ou d'autres meubles, l'arbre ne sait qu'obéir : il est esclave.

Il en est de même de tous les végétaux : la rose que je prends dans la main, dont je respire le doux parfum, est esclave ; et ce bouquet magnifique qui a produit tant d'effet dans une brillante soirée, et qu'un laquais a jeté ensuite dans le ruisseau de la rue, est esclave ; et la timide sensitive, qui ferme son calice quand je la touche avec le doigt, est esclave.

Les végétaux sont esclaves ; et ce n'est pas une seule chaîne qui les tient attachés, leurs chaînes sont multiples ; pour les énumérer, il faudrait autant de temps qu'il en faut pour décrire l'esclavage des êtres de l'univers. Ils tournent emportés par le mouvement diurne ; ils tournent autour du soleil, entraînés par le mouvement annuel. Ils sont attachés à la terre ; ils dépendent du soleil, des vents, de la pluie, de la sécheresse, du froid et de la chaleur, des hommes et des animaux ; leurs chaînes sont innombrables. Jugez donc de la rigueur de leur esclavage. Pauvre rose ! toi la plus belle des fleurs, je te vois esclave comme les autres êtres ! Malgré ton esclavage, je ne laisse pas que de t'aimer ; j'admire

tes brillantes et fraîches couleurs ; je respire avec délice ton parfum si doux et si
suave, et je te baise avec attendrissement.
Puisse mon admiration et mon baiser te
consoler, ô belle rose ! et te faire sentir
moins lourd le poids de tes chaînes.

Je ne puis espérer de trouver la liberté
chez les animaux. Ce lion qui traverse les
forêts avec tant d'orgueil et de fierté ; ce
tigre qui assassine ; ce cheval qui hennit,
soulève sa crinière et marche en cadence ;
ce paon qui s'avance avec tant de noblesse et de majesté, et qui s'éloigne quand
il m'aperçoit, comme si je n'étais pas digne
de me trouver auprès de lui ; ces poissons
qui semblent se jouer dans l'eau ; ces mil-
liers d'oiseaux qui gazouillent sur les arbres ; ces insectes innombrables dont la
terre est toute couverte, et qui, malgré
leur nombre incalculable, trouvent en elle
leur nourriture, un gîte et le berceau de
leurs petits : ces animaux, ces oiseaux, ces

insectes, ces poissons, ne sont pas libres.
Ils se meuvent sur la terre ; ils vont, viennent, courent, volent dans les airs ; mais
ils sont esclaves. Ils suivent la terre dans
son double mouvement, et ils ne peuvent la
quitter.

Le lion est esclave dans les forêts, sous
l'équateur ; l'ours des glaces est esclave
dans les mers du Nord. Cet aigle, aux ailes
si puissantes, s'élève dans les airs ; il semble vouloir abandonner la terre : il est un
point qu'il ne peut dépasser. Sa chaîne
est plus longue que celle des autres êtres,
elle n'en existe pas moins.

Les oiseaux ne sont pas attachés à la
terre par des racines, comme les plantes ;
mais, dans leurs mouvements, ils sont con-
duits et poussés par l'instinct. Placés dans
les mêmes circonstances, ils agissent de la
même manière. Ils ne sont pas doués d'intelligence, donc ils ne peuvent être libres;
car la liberté nécessite le pouvoir de

choisir, et le choix exige de l'intelligence.

Si les lions et les tigres étaient intelli-
gents et libres, depuis longtemps ils se
seraient ligués pour lutter contre les hommes et les exterminer ; car de tout temps
il a existé des hommes audacieux qui n'ont
cessé d'aller troubler les lions, les tigres et
l'ours dans leurs repaires, de les tuer ou de
les enchaîner, et de les traîner de ville en
ville pour les donner en spectacle, dans des
cages, à des curieux. Les animaux, comme
les végétaux, comme les minéraux, sont
esclaves ; s'ils se meuvent, je l'ai dit, ce
n'est pas en vertu de la liberté, mais de
l'instinct.

Ainsi je ne vois partout, je n'aperçois
partout, que des esclaves. Sur ma tête,
dans les profondeurs infinies, dans les abîmes sans fond du firmament ; autour de
moi, au-dessous de moi, tous les êtres que
je découvre sont esclaves.

L'air lui-même est esclave ; tour à tour

le jour et la nuit l'illuminent ou le plongent dans des ténèbres épaisses. L'air est encore esclave des vents, et les vents sont esclaves eux-mêmes du degré de la température. La température, qui commande aux vents, n'est point libre : elle est esclave du chaud et du froid, qui sont les esclaves du soleil.

Après avoir parcouru tous les êtres de la création, dois-je examiner le seul qui me reste ? Puis-je espérer de trouver dans l'homme la liberté que je n'ai pu découvrir dans l'univers ?

L'homme étant le premier des êtres qui peuplent la terre, il peut bien se faire qu'il possède la liberté que les autres êtres n'ont pas. J'entre donc résolûment dans le problème de la liberté de l'homme. Je ne me laisserai pas rebuter par des contradictions semblables à celles que j'ai rencontrées ce matin, et qui m'ont fait fuir sur le bord de cette rivière pour calmer mon agitation et mon ennui. Je suis résolu à ne point cesser ces réflexions que je n'aie trouvé le mot de cette énigme. Je chercherai d'abord si l'homme est libre ; et, s'il est libre, je me demanderai ensuite s'il est libre aussi quand il travaille, si enfin le travail est la liberté.

Quand l'homme serait libre, il ne le serait point complétement ; car je le vois attaché à la terre sur laquelle il est obligé de passer sa vie. Il peut aller d'une province dans une autre, d'un royaume dans un autre ; il peut fuir les chaleurs de l'équateur pour aller respirer l'air frais des zones tempérées ; mais il ne peut quitter la terre. Il ne peut aller habiter dans une autre planète ; il ne peut parcourir l'étendue des cieux pour étudier la constitution des astres ; il ne peut s'enfoncer dans les abîmes du firmament pour voir jusqu'à quelle limite l'espace immense se prolonge.

Mais pourquoi songer à tout cela ?

L'homme ne peut se promener dans les airs, comme ces oiseaux que je vois là-bas voler et se poursuivre ; il ne peut descendre au centre de la terre, sur laquelle il marche et qui semble lui appartenir.

Ainsi, au premier regard que je jette sur l'homme, je le vois esclave. Je le vois marcher sur la terre, traînant sa chaîne d'esclavage. Je le vois esclave du mouvement diurne : il ne peut s'arrêter, tandis que la terre l'emporte dans son mouvement rapide sur elle-même. Il est esclave du jour, esclave de la nuit, esclave de l'aurore, esclave du crépuscule.

Il est encore esclave du mouvement annuel autour du soleil. Il ne peut éviter de s'approcher de cet astre ou de s'en éloigner. Il ne peut empêcher la terre de se balancer sur son axe, de présenter au soleil durant six mois le pôle boréal, durant les six autres mois le pôle austral, et de nous donner, par ce balancement gigantesque et sublime, la chaleur pendant l'été, le froid durant l'hiver. Ainsi l'homme est esclave du printemps, de l'été, de l'automne, de l'hiver. Il est esclave du chaud, il est esclave du froid.

Il est esclave du temps : chaque jour, chaque heure, chaque minute, chaque seconde, comme autant de tyrans impitoyables, attachent à ses mains, à ses pieds, à tout son corps, des chaînes que l'acier le plus tranchant, le fer le plus dur, ne peut rompre.

Le voilà donc cet homme, doué de tant de force et de puissance, le voilà attaché à la terre par mille liens indissolubles.

Je passe outre ; car, en présence de cet esclavage de l'homme, je sens mon cœur battre avec force, mon sang bouillir dans mes veines. Je ne sais quel transport d'indignation soulève mon âme et me pousse à fuir dans un antre obscur, pour m'arracher à la vue de la terre, de l'univers, de l'homme, esclave comme tous les| autres êtres du monde.

Je jette un second regard sur l'homme, et j'aperçois en lui des chaînes encore plus nombreuses et plus pesantes que celles que je viens de découvrir.

Je trouve dans l'homme des substances minérales, des liquides, des sels, des gaz, qui suivent les lois des minéraux. L'homme ne peut s'affranchir de ces lois pour les substances minérales qui existent dans son organisme, il en est esclave ; il est esclave de la pesanteur, de l'étendue, de la porosité, de l'élasticité, de la mobilité et de l'inertie.

Je vois ensuite en lui des actions semblables à celles des plantes : la vie, la nutrition, la respiration, la reproduction ; et, comme les végétaux, il est esclave de ces fonctions. Il est esclave de son estomac, de son cœur, de son sang, de ses poumons.

J'aperçois dans l'homme des mouvements semblables à ceux des animaux, et il en est encore l'esclave. Pour se transporter d'un lieu dans un autre, il est obligé de marcher et de modérer son pas; car, s'il marche trop vite, il est bientôt essoufflé, et il est obligé de s'arrêter. Pour faire telle action, il est obligé de faire tel mouvement; il ne peut même s'empêcher de se mouvoir : il est esclave du mouvement. L'homme ne peut rester longtemps assis, ou levé; il faut qu'il se remue, qu'il agisse : ce serait le faire mourir que de le condamner à ne faire aucun mouvement.

Enfin l'homme est esclave de la vie. Il naît, il croît, il meurt; à chaque âge, il change de chaînes; ou, plutôt, il porte toujours les mêmes chaînes; mais ces chaînes, à chaque âge deviennent plus pesantes. Quel est le vieillard, que dis-je? l'homme de cinquante ans, de quarante ans, qui ne se plaint de ses chaînes, dont le poids, chaque année, devient plus lourd.

Ainsi je n'ai point trouvé non plus la liberté dans l'homme. L'homme le premier des êtres, comme le soleil le premier des astres, comme le lion le roi des animaux, comme l'aigle qui s'élève majestueusement vers le soleil, comme les hautes montagnes, comme les grands fleuves, comme la vaste étendue de l'Océan, et comme l'immensité incommensurable de l'espace, l'homme est esclave.

Mais, jusqu'ici, je n'ai considéré l'homme que dans son corps ; je dois le considérer aussi dans son âme. Voyons si je trouverai la liberté dans l'âme, dans la partie spirituelle de l'homme.

Je ne vois pas mon âme, et ne puis la voir. Elle est un esprit, les esprits ne tombent point sous nos sens ; on ne peut ni les voir ni les toucher : mais, si je ne puis voir mon âme ni la toucher, elle se révèle à moi par des facultés ou puissances qui me prouvent son existence d'une manière aussi évidente que m'est montrée l'existence de la vapeur dans le cylindre dont elle fait monter et descendre le piston ; l'existence de l'électricité que, quoiqu'elle soit matérielle, je ne puis voir à cause de sa subtilité, dans le fil télégraphique qui emporte ma pensée.

Mon âme est-elle libre ? Mon âme sera libre si ses puissances ou facultés, qui sont par rapport à l'âme ce qu'est mon bras par rapport à mon corps, sont libres ; car, si mon bras est enchaîné, je ne suis pas libre ; parce que mon bras, c'est moi. De même, mes facultés, quoique distinctes de mon âme, étant mon âme, si elles sont libres, mon âme est libre ; mon âme est esclave si elles sont esclaves.

Les puissances de mon âme sont : l'intelligence, l'amour, la volonté.

Mon intelligence est-elle libre ou esclave ? La liberté de cette faculté me frappe au premier regard : oui, oui, mon intelligence est libre.

Ivre de joie à cette découverte, je veux à l'instant même que mon intelligence use de sa liberté. Je lui donne son essor : elle monte sur les ailes de l'imagination ; elle fend les airs, se promène avec orgueil et fierté au milieu des astres. Elle touche au soleil, à la lune, aux étoiles fixes, et elle étudie leur constitution, leurs mouvements et leurs lois. Elle saisit la chevelure de la comète de Halley, qui se montre à nous pour le dernier jour, et lui dit, au moment où elle va disparaître sous l'horizon : « Tu ne disparais pas pour toujours, tu reviendras dans soixante-quinze ans.»

Puis mon intelligence descend au centre de la terre et calcule en descendant le degré de chaleur du feu central.

Elle analyse les pierres, les plantes, l'eau, et dit quels sont leurs éléments. Elle dis-

sèque les animaux et montre leurs fonctions.

Je veux entrer dans les temps passés ;
mon intelligence parcourt les siècles écou-
lés, et remonte jusqu'au premier jour du
monde. Elle pénètre et s'enfonce dans l'a-
venir ; elle voit le retour des saisons, les
révolutions des astres, les événements po-
litiques, la naissance, le développement et
la chute des empires.

Oui, l'intelligence est libre. Elle est libre
de penser ou de ne pas penser, de penser à
tel objet ou à tel autre; de courir dans le firmament avec les planètes, les comètes, les
étoiles filantes, ou de descendre au centre
de la terre, de se reposer dans le calice
d'une fleur, ou de se balancer dans les airs
posée sur la cime d'un cèdre superbe.

Mon amour aussi est libre : j'aime, je
n'aime pas ; et il m'est libre d'aimer ou de
ne pas aimer. Je commande à mon cœur,
où réside l'amour ; j'en ferme la porte et

je l'ouvre à mon gré. J'aime le soleil, et je me sens libre de l'aimer, quand, pendant l'hiver, il réchauffe mes membres transis par le froid; et je ne l'aime pas, et je me sens libre de ne pas l'aimer, quand, pendant l'été, il me brûle et me fait suer à grosses gouttes.

J'aime la terre en ce moment, et je veux l'aimer à cause du charme que j'éprouve à la vue de ses mille beautés; et je ne l'aime pas, et je suis libre de ne pas l'aimer, quand, passant sur une route, la poussière soulevée par le vent m'aveuglant et m'étouffant, je la frappe avec les pieds, en lui criant: Terre maudite!

Mon amour est libre dans ce vaste univers : je puis aimer ou le soleil, ou cette comète qui s'enfuit, ou cette montagne, ou ce ruisseau, ou ces oiseaux qui chantent, ou cette fourmi laborieuse qui traîne de toutes ses forces un grain de blé plus gros que son corps; et je puis ne pas aimer, j'impose silence à mon cœur, je ne veux pas aimer, et je n'aime pas. Je suis libre dans mon amour comme je suis libre dans mon intelligence.

Et ma volonté ? Libre, libre aussi ! Je me lève, je m'assieds. Je vais au bord de la rivière, je reviens. Je veux rester assis, et je reste assis ; je veux me lever, et je me lève. J'ai soif, je veux aller puiser de l'eau à la rivière dans le creux de la main, et j'y vais. Je me mets à genoux, je me baisse ; ma main commence à descendre pour puiser de l'eau ; mais je dis à l'instant : «Ne bois pas, use de la liberté», et ma main remonte sans avoir touché l'eau. Je suis libre de toucher l'eau ou non. Ma volonté commande de nouveau à la main de puiser de l'eau, et ma main plonge dans la rivière et monte de l'eau dans son creux. J'approche l'eau de ma bouche ; je puis boire ou ne pas boire : si je bois, je suis libre ; si je ne bois pas, je suis encore libre.

La soif me dévore, mais ma volonté ne veut pas que cette eau touche mes lèvres, et aussitôt ma main la jette. Quoi de plus évident que ma volonté est libre ?

Ainsi j'ai trouvé le problème que je cherchais : mon intelligence est libre, mon amour est libre, ma volonté est libre, mon âme est libre. Je suis libre, mon âme étant, dans mon être composé, la première, la plus noble, la principale partie.

Oui, je suis libre. Je me lève et je me promène sur la pelouse, heureux, ivre de joie, du bonheur d'avoir trouvé en moi la liberté. J'use de ma liberté : je veux aller à la rivière et j'y vais ; je veux m'en éloigner et je m'en éloigne. Je brûle de soif, je sens le besoin de boire; la nécessité me pousse à boire, je ne bois pas, je ne veux pas boire: je suis libre de ne pas boire, et je ne bois pas. Cent fois je puise de l'eau dans le creux de la main, et cent fois je la jette, en disant : « Je suis libre, je ne veux pas boire. »

Tandis que, dans le transport de ma joie, j'use ainsi de ma liberté et j'en fais mille expériences, j'entends le bruit de plusieurs sonnettes ; je regarde du côté d'où elles viennent.—Ah ! ah! les chèvres! —Je m'assieds aussitôt au pied de mon arbre, le dos appuyé contre le tronc, imposant silence à mes réflexions pour jouir de nouveau du paysage charmant qui, il y a quelques heures, m'a causé tant de plaisir. Mais le bruit des sonnettes se rapproche : il vient de la hauteur derrière moi. Au moment où je me tourne, une chèvre descend rapidement et saute auprès ; les deux autres la suivent ; l'homme finit par arriver. Ils ont pris, au retour, un sentier tracé dans le flanc de la montagne.

Je suis contrarié en voyant mon attente frustrée : cet homme avec ses chèvres vient encore m'ennuyer. Mais je me rappelle le plaisir qu'il m'a causé tout à l'heure : je me rappelle aussi que je me suis reproché ma brusquerie, et je surmonte ma mauvaise humeur. Il passe devant moi, se découvre et dit : « Bonjour, Monsieur. » Je souris en pensant à ma mauvaise humeur, et je lui dis avec douceur : « Bonjour, mon ami. »

La contrariété que je viens d'éprouver me fait revenir à mes dernières réflexions, et je me demande si enfin je suis libre ; car je n'ai pas été libre de prévenir, d'éviter cette contrariété. Et je réponds que non. Je désirais, je voulais que cet homme avec ses trois chèvres passât sur le rocher, et il n'y est point passé : je ne suis point libre. Cet homme avec ses trois chèvres m'a contrarié deux fois ; je ne suis donc pas libre de n'être point contrarié. Je suis esclave de cet homme et de ses chèvres ; les contrariétés qu'il m'a causées, et que je n'ai pu éviter, sont autant de chaînes.

J'étends ces réflexions, et je me vois esclave : mon intelligence est esclave, mon amour est esclave, ma volonté est esclave ; comme tous les êtres, comme mon corps, mon âme est aussi esclave.

En effet, mon intelligence ne peut aller au delà des astres pour me dire jusqu'où s'étend l'immensité, où se termine l'espace et ce qu'il y a au delà. Elle est esclave sur la terre : elle croit que le centre de la terre est occupé par un grand feu ; mais, si elle y descend portée par l'imagination, elle ne peut y pénétrer en réalité pour s'assurer de la vérité de son hypothèse. Elle ne peut me dire si la lune et les autres planètes sont habitées. Mon intelligence est esclave des principes qu'elle n'est point libre de nier, des vérités premières qu'elle ne peut rejeter. Je dis à mon intelligence : Il n'y a pas d'effets sans causes, et elle s'incline. Je dis ensuite : Il n'y a point de montagnes sans vallées, et elle s'incline encore. Elle s'incline devant tous les axiomes que j'énonce devant elle.

Mon amour est esclave. Je puis aimer ou n'aimer pas un objet qui m'est indifférent, qui n'est ni bien ni mal ; mais je ne puis m'empêcher d'aimer ce qui est bien, de haïr ce qui est mal. Une mère n'est point libre de ne pas aimer son enfant. Oui, je sens que mon amour n'est point libre : je ne puis ne pas aimer la campagne que j'ai autour de moi, les arbres que j'aperçois, celui qui me couvre de son ombre, la rivière qui coule devant moi, et dont le doux murmure me charme et me réjouit. Plus un être me fait éprouver de plaisir, et moins je suis libre de ne point l'aimer.

Ma volonté est esclave comme mon amour : je n'aurais pas voulu tout à l'heure que cet homme vînt me troubler au milieu de mon attendrissement, et il est venu. Je voulais ensuite qu'il passât, à son retour, sur le rocher, et il n'y est point passé. Ma volonté a résolu de faire telle action ; elle l'exécute : elle est esclave de sa résolution.

Elle est esclave des passions qui la conduisent, du plaisir qui l'entraîne, de la souffrance qui l'irrite et qu'elle est obligée de supporter, comme l'esclave est obligé de traîner sa chaîne.

Ainsi mon âme n'est point libre : je suis donc esclave.

Mais, si tout à l'heure j'ai vu, avec la dernière évidence, que j'étais libre ; et si maintenant je me vois esclave, avec une évidence égale, que dois-je conclure ? Étais-je dans l'erreur tout à l'heure ? Y suis-je maintenant ? Tout à l'heure je disais vrai ; je disais vrai quand je proclamais ma liberté et que j'en faisais mille expériences, allant à la rivière puiser de l'eau dans le creux de ma main ; je dis vrai en ce moment en constatant que je ne puis comprendre ce qui existe au delà des astres, en reconnaissant que je ne suis pas libre de ne point aimer celle qui m'a porté dans son sein et nourri de son lait, en concluant enfin que ma volonté est esclave comme mon intelligence et mon amour.

Or je ne puis expliquer ces deux contradictions et sortir de ce labyrinthe qu'en tirant cette conclusion évidente, que je suis à la fois libre et esclave. Je suis libre d'aller au bord de la mer ; mais je ne suis pas libre de la traverser sans monter sur un navire. Oui, je suis libre, mais d'une liberté bornée ; je suis libre dans une certaine limite que je ne puis dépasser.

Ainsi tous les êtres de l'univers sont esclaves ; ils obéissent aveuglément aux lois qui les régissent, et les astres, et les minéraux, et les végétaux, et les animaux ; l'homme seul est libre, mais d'une liberté bornée.

Je ne m'arrête point aux réflexions que cette conclusion fait naître dans mon esprit ; je me hâte de me demander si l'homme est libre quand il travaille, si le travail est la liberté. Cet homme commandé par un autre, qui est roué de coups s'il ne travaille, et qui le soir est enfermé dans sa casemate, le pied dans une chaîne attachée au mur, est esclave.

Mais un travail qu'on est libre de faire ou de ne pas faire, qu'on est libre de cesser ou de continuer, n'est point évidemment l'esclavage : c'est la liberté. Vous travaillez, Alphonse, parce que vous le voulez ; vous êtes libre en travaillant. Vous travaillez pour amasser de la fortune ; ou par besoin, ou par plaisir, vous voulez ces causes de votre travail : vous êtes libre ; votre travail, c'est la liberté.

Votre travail vous assujétit ; il vous fatigue ; quelquefois il vous contrarie et vous ennuie ; mais vous voulez cet assujétissement, cette contrariété et cet ennui. Vous êtes libre ; car à chaque instant vous pouvez cesser de travailler, sortir et aller vous promener ; vous en avez la liberté ; vous ne le voulez pas, et vous n'en faites rien en vertu de votre liberté.

J'étudie, je veux achever cette étude ; mais j'entends une musique qu'il me serait très-agréable d'écouter ; je sens le besoin d'aller l'entendre pour me distraire : je reste. Je ne suis point esclave : je reste, j'étudie, parce que je le veux et que je suis libre de le vouloir.

Pour vous faire toucher cette vérité du doigt, j'ajoute encore cette preuve. C'est la fête du village ; les jeunes gens et les jeunes filles dansent sur la place, à l'ombre d'arbres touffus. Il fait très-chaud : les danseurs souffrent de la chaleur et de la soif. Ils dansent depuis trois heures ; ils sont très-fatigués ; ils n'en peuvent plus, ils sont rendus, et ils éprouvent un besoin impérieux de se reposer. Ils ne se reposent point ; ils continuent à danser jusqu'au coucher du soleil. Alphonse, évidemment, ces jeunes gens et ces filles sont esclaves ; leur danse n'est plus un amusement, c'est un dur travail ; ils souffrent plus de la

danse que vous et moi en travaillant : oui,
ils sont esclaves.

Vous me répondez par un éclat de rire.
Vous riez, c'est bien ; je conclus donc que
le travail, malgré son assujétissement et
ses ennuis, c'est la liberté.

Vous me dites : « J'avoue que je suis
libre, que le travail est la liberté ; mais
l'homme qui ne travaille point est plus
libre que moi : le repos, ne rien faire,
c'est là la vraie liberté. »

La réponse à cette objection montrera,
avec une évidence nouvelle, combien le travail est la liberté.

L'homme riche qui ne travaille point
s'ennuie. Or cet homme riche, qui ne travaille point et s'ennuie, veut-il son ennui ?
Non, il ne le veut point : il ne peut le
chasser ; il en souffre horriblement ; l'ennui
est son tourment de tous les jours.

Ainsi l'homme riche qui ne travaille
point n'est point libre, il est esclave. Le
rien-faire est donc l'esclavage ?

Le jeu, les plaisirs, le voyage, ne distraient et n'amusent qu'un moment ; l'ennui est le tyran cruel de l'homme qui ne travaille point. Pénétrez dans le château de l'homme riche paresseux : vous voyez, aussitôt qu'il se présente à vous, empreints sur son visage l'ennui, le dégoût, la souffrance, l'esclavage. En sortant des salons dorés de ce riche, arrêtez-vous auprès des paysans qui labourent ou piochent les terres de son domaine ; regardez-les, écoutez-les : comme ils sont gais et joyeux ! Ils parlent, ou ils chantent, ou ils sifflent ; rien n'égale leur contentement et leur bonheur : ils sont libres

J'ai connu un jeune homme de trente ans, riche, intelligent et bien fait. Il écrivit un jour à son père, de Vichy, où il était allé, non pour prendre les eaux, mais pour se distraire, qu'il s'ennuyait à Vichy et qu'il allait revenir ; et, au jour qu'il avait fixé, il n'arriva point. Le surlendemain,

on reçut une lettre de lui : elle venait d'Espagne. Il disait qu'en partant de Vichy il
avait appris que des courses de taureaux
avaient lieu en Espagne, et qu'il était venu
pour y assister ; mais que ces courses ne
l'avaient amusé qu'un moment et qu'il allait
partir dans quelques heures pour rentrer à
la maison. Un jour, il était à table : il ne
mangeait pas ; rien, sur la table chargée
de mets exquis, ne lui plaisait. Comme toujours, il s'était levé très-tard et il n'avait
pas faim. La tête penchée sur son assiette
vide, il tournait et retournait son couteau
dans ses mains. Son père lui demanda s'il
était souffrant. Il répondit : « Je m'ennuie.
— Comment, lui dis-je, vous vous ennuyez
aussi chez vous, au sein de votre famille ! »
Il me répondit par un léger mouvement
d'épaules et un demi-sourire. « Voyez-vous,
Monsieur, me dit alors une de ses sœurs,
mon frère s'ennuie partout, excepté là où
il n'est pas. »

Ce jeune homme était l'esclave de l'ennui. Que n'aurait-il pas donné pour ne point s'ennuyer, pour rompre ses lourdes chaînes, qui lui rendaient la vie triste et amère !

Ainsi, chers amis, le rien-faire, c'est l'esclavage ; le travail, c'est la liberté. J'ai donc expliqué la parole d'Alphonse ; j'ai fini ; je vais quitter la plume et plier mon papier.

A Dieu ne plaise que je termine ici mon travail. Je n'ai vu dans l'univers qu'esclavage ; il ne peut pas en être ainsi. L'univers n'est point l'esclavage ; les astres, les minéraux, les végétaux, le corps de l'homme, son âme, non, ne sont point esclaves. Quoi ! ces astres si beaux, cette terre si magnifique, tous ces êtres sublimes seraient esclaves ! Non, je le répète, cela n'est point, cela ne peut pas être ; je me reproche de leur avoir donné le nom d'esclaves. Je veux jeter une fois encore mes

yeux sur le firmament, sur la terre et sur
tous les êtres qui m'environnent, afin de
voir combien je me suis trompé quand je
les ai appelés esclaves, et leur donner l'admiration qu'ils méritent et l'amour que je
leur dois.

L'esclavage n'étant point autre chose
que le lien qui empêche une volonté libre
de se mouvoir et d'agir dans les limites où
sa liberté s'exerce, l'univers n'est point
esclave. L'homme seul, parmi les êtres
créés, étant doué d'intelligence, de volonté
et par conséquent de liberté, l'homme seul
est libre ou esclave. Ainsi ni le soleil, ni
les planètes, ni les étoiles fixes, ni les comètes, ne sont esclaves ; ni les minéraux,
ni les végétaux, ni les animaux, ni le corps
de l'homme considéré en lui-même. L'intelligence, l'amour, la volonté de l'homme ;
l'âme, l'esprit de l'homme ; l'homme seul
est libre ou esclave, mais seulement dans
la sphère où s'exerce sa liberté. En dehors

des limites données à sa liberté, il n'est point esclave, pas plus que ne sont esclaves les autres êtres, les astres, l'univers.

Pardonne - moi, ô soleil ! je ne savais point ce que je disais tout à l'heure, quand je t'ai appelé esclave ! Quelle n'était pas mon erreur ! ô astre splendide ! qui sors le matin comme un géant du sein des ondes, t'élèves majestueusement sur l'horizon et poursuis ta course brillante dans le firmament, répandant autour de toi, dans les profondeurs insondables de l'espace, ta chaleur et tes rayons éblouissants !

Pardonnez - moi, ô millions et millions d'étoiles ! qui brillez et scintillez dans le ciel, et qui rendez si belle, si mélancolique et si touchante, la voûte du firmament !

Pardonnez-moi, ô planètes ! qui tournez autour du soleil avec tant de vitesse et de régularité ! Votre mouvement et votre éclat me saisissent et me transportent d'admiration.

Pardonne-moi, toi surtout, ô terre que j'habite ! toi qui me nourris ! toi qui m'as vu naître ! toi que je pressais avec tant de joie, avec mes pieds de rose, quand ma mère m'apprenait à marcher ! toi qui recevras et garderas jusqu'à la résurrection ma dépouille mortelle, et mon corps, et mon cœur, et ma main qui écrit ces paroles !

Pardonne - moi, dis-je, ô terre magnifique ! couverte de montagnes, d'arbres, de plantes, d'animaux ; arrosée par de grands fleuves majestueux et de petits ruisseaux, qui murmurent doucement ; baignée par de vastes mers, tantôt tranquilles, tantôt follement irritées contre les rochers ou les sables du rivage ! O terre ! tu m'enivres d'émotions douces et grandes à la fois, soit que tu sortes du sein des ténèbres, soit que le soleil t'éclaire de ses rayons éblouissants en ton midi, soit que tu rentres, le soir, dans l'obscurité profonde de la nuit. Chaque mouvement, chaque pas que tu fais pendant l'été, au cœur de l'hiver, durant l'automne, au printemps surtout, montre en toi une beauté nouvelle et me fait éprouver un plaisir nouveau, toujours plus agréable et plus grand.

Je disais que l'univers était esclave ! Ah ! rien n'est beau, rien n'est grand, rien n'est sublime, et rien ne paraît libre, magnifique et puissant comme l'univers, avec ses millions et ses millions d'êtres ! Rien n'est admirable surtout comme le concert, l'ordre, l'harmonie divine, que je vois régner parmi ces êtres innombrables. Je voudrais passer ma vie entière uniquement occupé à considérer la terre et le monde. Jamais ! non, jamais ! durant mon admiration et mon enthousiasme, je ne sentirais naître dans mon esprit ou dans mon cœur la fatigue, l'ennui et le dégoût !

Mais si l'univers, au lieu de se montrer à moi traînant des chaînes, m'apparaît si beau, si grand, si sublime, élève si haut mes sentiments, quels ne sont pas mon admiration, mes transports, mon enthousiasme, quand l'homme, le corps et l'âme de l'homme ; l'homme, le chef-d'œuvre de la création ; l'homme libre , l'homme, le roi de la terre et du monde, se dresse devant moi !

Après avoir appelé l'homme esclave comme les autres êtres, ne dois-je point réparer mon erreur envers lui aussi, en disant quelle est sa beauté, en énumérant ses nombreuses et sublimes qualités ?

Je ne décrirai point pourtant la beauté du corps de l'homme, de sa tête, de son visage, de ses yeux et de son regard, de son sourire et de ses larmes, de son maintien et de sa démarche ; il me faudrait, pour faire cette description, le génie du grand Bossuet ou du divin Platon. Mais, quoique mon talent soit moins suffisant encore pour parler de l'intelligence, de l'amour et de la volonté de l'homme, je ne laisserai pas

que de les dépeindre; mes expressions im-
puissantes et faibles, sortant de ma plume
avec des étincelles du feu que les méditations sur ces facultés ont allumé dans mon
âme, vous donneront d'elles une idée assez
grande et assez belle.

L'intelligence de l'hommme! Mais c'est
avec son intelligence que l'homme arrache
à la nature ses secrets; qu'il étudie les
êtres, découvre leurs lois et leur struc-
ture; qu'il élève dans les airs la coupole
hardie et superbe de St-Pierre; qu'il sculpte
le *Moïse;* qu'il peint la fresque de l'*Aurore,*
la *Communion de saint Jérôme* et la *Trans-
figuration;* qu'il trouve l'ellipse que décrit
cette comète et lui fait crier, au moment
où elle va disparaître : Tu reviendras dans
soixante-quinze ans.

L'amour de l'homme! Quoi de plus beau,
de plus puissant et de plus sublime que
l'amour de l'homme? Quoi de plus beau
et de plus touchant que cette mère en

pleurs, à genoux et courbée sur le berceau de son enfant qui expire ? Quoi de plus beau et de plus sublime que ce frère de Saint-Jean-de-Dieu de vingt ans, qui a quitté le château de son père et son titre de marquis, et ses richesses et ses plaisirs, et qui maintenant parcourt les salles d'un hôpital, donnant des consolations et tous ses soins à ses chers malades ? Quoi de plus beau et de plus attendrissant que l'amour divin de cette sœur de Saint-Vincent-de-Paul, agenouillée auprès d'un soldat tout en sang, dont elle panse la blessure, et qui, atteinte elle-même d'une balle meurtrière, tombe et meurt ?

La volonté de l'homme ! Mais n'est-ce pas la volonté de l'homme qui creuse les montagnes, fond et fait bouillir le fer, l'or et le platine ; qui travaille et façonne le marbre et le granit, comme l'enfant qui suit son troupeau coupe et arrondit le roseau dont il veut faire un chalumeau ?

Ouvrez-vous ! crie la volonté de l'homme à ces montagnes entassées les unes sur les autres : je ne puis continuer à gravir lentement et péniblement vos flancs escarpés et couverts de neige; je veux, avec mes voitures que la vapeur emporte avec la rapidité de la flèche, traverser vos lourdes masses. Et les Alpes s'entr'ouvrent pour laisser passer la volonté de l'homme.

Tel est l'homme dans l'univers; l'homme, le premier des êtres par la beauté de son corps, de son visage; par la puissance de son intelligence, la sublimité de son amour, la force et l'énergie de sa volonté.

. Je viens de dire que l'homme est le premier des êtres : ne puis-je pas me demander encore quel est le premier des hommes ? Ah ! ce n'est pas l'homme et la femme paresseux, qui ne travaillent point, qui sont courbés sous le poids de l'ennui, de la misère, et qui pleurent et gémissent dans leur esclavage. Le premier des hom-

mes, le plus grand, le plus élevé, le plus
beau, le plus magnifique, c'est l'homme,
c'est la femme qui travaillent avec constance, avec courage, avec énergie, et par
le travail ne laissent point les passions se
développer, mais voient croître tous les
jours leurs qualités et leurs vertus.

Ainsi, chers amis, oui, le travail c'est la
liberté. C'est aussi la piété, la vertu, la
charité ; c'est la bonté, c'est la douceur et
la modestie, avec l'amabilité ; c'est le par-
don, l'oubli et la magnanimité ; c'est la
beauté, c'est la magnificence et la sublimité ;
c'est la grandeur, la noblesse et la dignité ;
c'est la force, la valeur et l'intrépidité ; au
milieu des contradictions, des ennuis de
mille sortes et de cruelles amertumes, ah !
c'est le calme et la fermeté, c'est la per-
sévérance énergique avec l'impassibilité.
Le travail, c'est le contentement, la joie,
le bonheur et la félicité ; c'est l'enthou-

siasme, le transport, l'enivrement et la volupté ; c'est la royauté, c'est le sceptre et
la couronne, c'est la liberté !

QUEL EST L'HOMME LE PLUS LIBRE ?

DEUXIÈME LETTRE

QUEL EST L'HOMME LE PLUS LIBRE ?

Cette, le 1ᵉʳ septembre 1872.

CHERS AMIS,

Nous avons vu, dans la lettre du mois dernier, que le travail est la liberté, le plaisir, la joie, le bonheur. Nous avons vu en même temps que, si l'assujétissement qui résulte du travail cause parfois de la contrariété et de l'ennui, cet assujétissement étant volontaire ne détruit point la liberté ;

8

que c'est précisément cet assujétissement qui procure la liberté et le bonheur
de l'homme ; enfin nous avons vu que la
contrariété que cet assujétissement occa-
sionne quelquefois à l'homme qui travaille
n'est rien auprès des maux qui accablent
l'homme indolent et paresseux, et font de
lui un esclave vil et malheureux.

Depuis que j'ai traité cette question, la
pensée m'est venue de traiter cette autre
question : Quel est l'homme le plus libre ?

La question : Le travail est-il la liberté ?
offrait un grand intérêt, à cause de l'opposition qui semble exister entre le travail et
la liberté, et à cause de la curiosité que
cette opposition apparente fait naître, de
savoir si vraiment le travail est la liberté.
La question que j'ai résolu de traiter aujourd'hui : Quel est l'homme le plus libre ?
présente un intérêt aussi grand ; car cette
question nécessite une étude, une recherche ; et la recherche d'une cause inconnue

qu'on est sûr de découvrir est un attrait et un plaisir. Cette question offre encore de l'intérêt à cause des temps où nous vivons, où le mot de liberté fait battre le cœur de ceux qui courent après elle, appelle les méditations de ceux qui en redoutent les terribles et sanglants excès.

Si ces derniers mots que je viens d'écrire vous ont fait juger que je vais parler politique, détrompez-vous : je ne sortirai point du domaine de la philosophie. Voyons donc quel est l'homme le plus libre.

On serait tenté de répondre d'abord que l'homme le plus libre est celui qui travaille le plus ; car, puisque le travail est la liberté, plus un homme travaille et plus il doit être libre. Il n'en est point pourtant ainsi. L'homme qui travaille le plus peut éprouver des contrariétés de toute sorte, des ennuis, des tristesses, des découragements, dont le travail ne le préserve pas toujours ; s'il ne sait point s'affranchir des chaînes que les contrariétés ou les peines jettent sur lui, il sera moins libre que celui qui, en travaillant autant que lui, saura s'en affranchir.

De deux hommes qui travaillent beaucoup, mais dont l'un ne consentira jamais à prendre du repos, travaillera jour et nuit, et les dimanches et les fêtes ; ignorant ce que c'est que le beau et l'agréable ; ne sentant jamais son cœur battre sous l'impression de la joie, du bonheur, de la douce émotion auprès d'amis qu'il n'a pas ou qu'il ne visite point, ou bien au pied d'une haute montagne, sur les rives d'un fleuve, ou sur les bords d'une rivière ;

Et dont l'autre prendra un jour dans la semaine pour remplir ses devoirs religieux et donner à son corps le repos qui lui est nécessaire ; pour aller dans la campagne jouir de la vue de montagnes boisées ou couvertes de neige, goûter les délices d'une fraîche et riante vallée, admirer un grand fleuve au cours rapide et majes-

tueux, écouter avec plaisir le doux murmure d'un petit ruisseau qui serpente dans
la prairie ; pour aller visiter ses parents,
ses amis, et causer avec eux de ses joies
ou de ses peines, de ses succès ou de ses
revers ; sortant de chez lui avec cette démarche, ce ton assuré, cette joie paisible,
ce calme, cette humeur douce et égale, ce
je ne sais quoi de beau, de grand, de noble,
de fier et de modeste à la fois, que le travail
persévérant donne à l'homme et qui lui attire les regards, le respect, l'admiration de
ses semblables ;

Le plus libre de ces deux hommes ne
sera point celui qui ne prend jamais de repos, ni aucun délassement : ce sera celui
qui, quittant le travail le dimanche et à cer-
tains jours de fête, va à l'église prier Dieu
et le remercier, visite ses amis, se repose
de ses fatigues, en faisant des promenades
agréables dans la campagne, la solitude et
le silence.

8.

Ainsi l'homme, en travaillant beaucoup, n'est point par cela même le plus libre : le travail est la source de la liberté ; mais, pour être l'homme le plus libre, d'autres conditions sont nécessaires. Quelles sont ces conditions?

Avant de répondre à cette question, je dois dire ce que j'entends par liberté. Je prends le mot « liberté » dans son sens le plus large, dans le sens dans lequel on le prend ordinairement: j'entends par liberté l'exemption de toute peine, de toute contrariété, de toute contrainte. Ainsi, de même que le métal le plus dur est celui qui se laisse le moins entamer par un autre corps, de même l'homme le plus libre sera celui qui sera le moins affecté par la peine, dont le vouloir sera le moins enrayé par la volonté d'un autre être, dont la conscience ne sera jamais contrainte.

Or, si l'homme le plus libre est celui qui éprouve le moins de contrariétés, l'homme le plus libre sera, il me semble, celui qui vit en dehors de la société, un ermite par exemple. Car, si ce solitaire a auprès de lui de l'eau, un jardin, des arbres; si rien de tout ce qui est nécessaire à la vie ne lui manque, qui est-ce qui pourra léser sa liberté? Qui pourra jeter sur lui la plus petite chaîne?

Ce solitaire, comme l'homme qui travaille beaucoup, peut être l'homme le plus libre; mais, comme lui, il doit, outre la retraite et la solitude, avoir d'autres conditions. Car, si ce solitaire est esclave de l'impatience et de la colère ; s'il se laisse conduire par ses passions, par l'avarice, la boisson, il n'est point libre : il est moins libre que l'homme des villes qui sait se plier aux nécessités, qui ne se laisse point entraîner par les passions qui flattent ses sens, mais tourmentent sa conscience et le rendent esclave.

Quel est donc l'homme le plus libre ?

Je réponds directement à cette question.

Pour trouver quel est l'homme le plus libre, je dois considérer l'homme en lui-même, je dois le considérer comme vivant en société.

Considéré en lui-même, quel est l'homme le plus libre ?

L'homme considéré en lui-même a des nécessités qu'il ne peut éviter ni surmonter et qu'il doit subir ; que ces nécessités viennent de lui-même, de son corps, comme la vie, la maladie, la vieillesse, la mort ; qu'elles viennent de son esprit, comme les lois qui régissent son intelligence, son jugement, sa raison ; ou bien qu'elles viennent des êtres privés de raison, comme les animaux cruels, les plantes vénéneuses, le soleil, le froid ou chaud.

L'homme a encore des besoins qu'il doit satisfaire, mais qu'il peut augmenter et diminuer. Il a des désirs qui le sollicitent à rechercher ce qu'il n'a pas ; enfin il a des passions qui le poussent, l'entraînent, le précipitent.

Or, vous le voyez maintenant, considéré en lui-même, l'homme le plus libre sera celui qui saura le mieux se soumettre aux nécessités de la vie, qui diminuera ses besoins ; qui mettra un frein à ses désirs, ne désirant que ce qu'il peut obtenir, et désirant avec modération suivant les lois de la justice ; celui enfin qui sera toujours le maître de ses passions, se servant d'elles pour accomplir ses devoirs, pour se livrer à la joie, à l'amour légitime, à l'amitié ; mais les tenant toujours avec force et empire sous le joug de la raison.

L'homme le plus libre sera celui qui saura le mieux se plier aux nécessités de la vie.

Car celui qui ne sait point se plier aux nécessités qu'il ne peut éviter ni vaincre, est-il libre ? Combien n'est-il pas esclave et malheureux ! Si je me mets en colère parce

que une pluie trop abondante a fait périr
ma moisson, ou bien parce que l'oïdium
dévore ma vigne et que ma récolte sera
nulle ; cette pluie, cette maladie de la vigne, sont pour moi comme des chaînes qui
enlacent mon corps et me font crier et
pleurer. Si, au contraire, cette pluie, ou le
phylloxera, ne produisent aucun effet sur
moi ; si devant ma moisson détruite, ma
vigne morte, je ne contente de dire : « Que
faire ? Cela en est ainsi » ; si les plus grands
malheurs ne peuvent m'arracher qu'un
demi-sourire, je ne cesse point d'être libre ;
au contraire, la force avec laquelle je reçois
ces coups de la fortune m'élève et me
grandit.

Faites la comparaison de deux hommes,
dont l'un est accablé par les nécessités
auxquelles il ne sait point se soumettre ;
qui crie, se désespère, appelle la mort ; et
dont l'autre reste impassible, se résigne et
sourit : à coup sûr vous ne direz point que

c'est le premier de ces deux hommes qui est le plus libre ; combien le second me paraît beau, grand, sublime et libre !

Je ne puis résister à l'idée qui me vient de vous rapporter la parole d'un monsieur que j'ai connu, que ce qui précède a rappelée à mon souvenir.

M. Lalante avait une grande propriété qui produisait du blé, du vin, des olives. Au temps de la moisson ou de la vendange, il allait, avant le déjeuner, visiter ses blés ou ses vignes, pour voir où en était leur maturité. Quand la récolte était abondante, à son retour, en rentrant chez lui, il disait à sa femme : « Ma femme, un plat de plus.— Pourquoi, mon ami, disait celle-ci ?— Parce que la récolte est bonne, et il faut nous réjouir. » Quand la récolte était mauvaise, à son retour, il disait encore à sa femme : « Ma femme, un plat de plus ; la récolte est mauvaise, et il faut nous consoler. »

Cet homme était libre : il savait se soumettre aux nécessités de la vie. Après sa promenade dans ses propriétés, sa conclusion était toujours la même : un plat de plus pour se réjouir, ou bien pour se consoler.

Ainsi l'homme, pour être libre, doit se soumettre aux nécessités de la vie; et plus sa soumission est grande, et plus grande est sa liberté. Il doit encore s'appliquer à diminuer ses besoins. Nos besoins sont de véritables chaînes : plus nos besoins sont grands, plus nos chaînes sont nombreuses. Celui qui va nu-pieds, et se contente d'un morceau de pain et d'un verre d'eau, est plus libre que celui à qui il faut une chaussure, des viandes, du vin, des domestiques, dont il dépend et qui diminuent sa liberté.

Dites, Alphonse, quelle est la femme la plus libre : de la grande dame qui a une cuisinière, une lingère, une coiffeuse, une

femme de chambre, deux ou trois bonnes
pour ses enfants, un valet de pied pour la
servir à table, un cocher, un maître d'af-
faires ; ou bien de la femme du peuple qui
se lève quand elle veut, se peigne comme
elle l'entend, prépare sa nourriture à sa
guise, sort ou rentre chez elle quand l'idée
lui en vient ? C'est la femme du peuple qui
a le plus de liberté. Car, pour que la grande
dame soit libre, il faut que tous ses domestiques se portent bien, que ses chevaux ne
soient point malades ni ne boîtent point,
que ses voitures ne soient point en répa-
ration. Il faut que touts ces gens qui dépendent d'elle, mais dont elle dépend aussi,
soient exacts, aient bon caractère, ne s'oublient jamais. Si la femme de chambre de
Madame, au lieu de s'éveiller à six heures,
s'éveille à six heures et demie, Madame,
qui devait prendre le train à sept heures,
ne partira pas : elle ne sait point se lever
seule, se peigner, s'habiller seule ; elle ne

sait pas même où est son linge, où sont ses vêtements ; quand elle le saurait, elle ne sait point se chausser, elle ne peut sortir de sa chambre.

Vous me direz : « Mais que cette bonne dame tire le cordon de la sonnette placée dans la chambre de la domestique.» Vous avez raison : la grande dame tire le cordon, la sonnette fait un grand bruit: la bonne ne vient pas ; elle est sortie ; elle est allée faire une commission ; elle a rencontré sur son chemin une de ses amies, jeune et domestique comme elle, et elle cause et rit avec elle, tandis que sa maîtresse en colère est esclave dans son lit.

Faut-il ajouter autre chose pour prouver que plus on a de besoins et plus on est esclave? Non, assurément. Je citerai pourtant un fait à l'appui de ce que je viens de dire, dont le récit vous donnera du plaisir et excitera votre admiration.

Un jour, le grand Pie IX nomma cardinal un saint religieux. Ce religieux, en apprenant sa nomination, se hâta d'aller trouver le Saint-Père, et, les larmes aux yeux, il le conjura et le supplia de ne point lui imposer cette dignité. Il lui donna, pour le persuader, beaucoup de raisons, et finit ainsi : « Moi qui, après mes prières et mes études, allais me reposer et me distraire, avec mes collègues, dans la campagne de Rome, maintenant il me faudra voir cloué dans un carrosse traîné par deux chevaux, suivi de deux ou trois domestiques !» Et le Pape, avec force et vivacité, lui répondit : « Et moi, suis-je plus libre que vous ne le serez ; moi, qui ne puis sortir qu'un homme à cheval ne précède ma voiture, que deux autres ne se tiennent à la portière, que six autres ne me suivent ?» Le Saint-Père resta inflexible, et le pauvre religieux fut contraint d'obéir au Pape, de voir ses besoins augmenter, et grandir avec eux son esclavage. Ce saint religieux est maintenant le cardinal Panebianco.

L'homme est encore esclave de ses désirs, comme il est esclave de ses besoins. Je suis esclave des désirs que je fais naître en moi, qui occupent nuit et jour mon attention et la fatiguent. Je suis esclave surtout quand je veux les réaliser, car il me faut aller, venir ; il me faut agir ; il me faut faire mille démarches qui me causent mille peines, mille ennuis, mille dégoûts ; et si, quand croyant toucher au but, après lequel je soupire avec tant d'ardeur, je le vois s'évanouir comme une ombre, quel n'est point mon accablement, mon désespoir et mon malheur ! L'homme, pour être libre à un haut degré, ne doit avoir que des désirs justes et modérés, et être prêt à les chasser de son esprit si la réalisation en devient impossible.

Enfin, pour être libre, l'homme doit être le maître de ses passions : les passions sont des tyrans trompeurs et cruels. Cet homme sait bien que le vin qu'il boit avec excès altère sa santé et le fera mourir : ni la maladie, ni la souffrance, ni l'approche de la mort, ne peuvent lui donner la force de se surmonter. Cet autre se ruine pour satisfaire une ambition démesurée ; il prévoit qu'un jour arrivera bientôt où il n'aura pas un morceau de pain pour donner à sa femme et à ses enfants : il ne s'arrête point ; il continue ses tentatives. Il est l'esclave de sa passion, qui le tient enchaîné et le conduit à la pauvreté, à la misère, à la mendicité, avec sa pauvre femme et ses malheureux enfants.

Toutes les passions n'ont point cette violence et ne tyrannisent point l'homme jusqu'à ce point. Il en est de douces et d'agréables ; il en est d'utiles, comme la passion des beaux-arts ; il en est de commandées, comme l'amour de la patrie. Mais toutes ont leurs chaînes, lourdes et pesantes, qui gênent la liberté de l'homme, et dont il doit être le maître absolu pour être libre: que ces chaînes soient de fer, ou d'argent, ou d'or; qu'elles soient de rose, ou faites avec ces légers flocons de laine que les agneaux laissent aux buissons dont ils mangent les feuilles.

Ainsi, considéré en lui-même, l'homme le plus libre sera celui qui saura le mieux se plier aux nécessités de la vie, c'est-à-dire aux contrariétés qu'on ne peut éviter : celui qui aura le moins de besoins ; celui dont les désirs seront justes et modérés ; celui enfin qui aura toujours un empire absolu sur ses passions. Or, pour céder aux nécessités, diminuer ses besoins, régler ses désirs, dominer ses passions, il faut à l'homme de la force : de la force musculaire? Non; de la force d'âme. Considéré en lui-même, l'homme le plus libre est celui qui a le plus de force d'âme.

Ce n'est point une chose aisée d'acquérir cette force d'âme. Il faut du temps, des efforts, une surveillance sur soi continuelle. Il y a des hommes qui ne pensent jamais à diminuer le poids des chaînes dont ils sont chargés, et qui gémissent, toute leur vie, dans le plus malheureux esclavage. Mais, quelque difficile qu'il soit de rendre ses chaînes plus légères ; quelques efforts qu'il faille faire, l'homme qui a résolu d'être libre, au bout de quelque temps, parvient à un haut degré de liberté et de bonheur ; car le bonheur grandit à mesure que la liberté augmente. Et quels ne sont pas alors la liberté et le bonheur de l'homme qui accepte froidement les nécessités qui fondent sur lui ; qui passerait sa vie gaiement avec un morceau de pain et un verre d'eau ; dont les désirs sont toujours marqués au coin de la raison ; qui est le maître de ses passions comme les rochers du rivage sont les maîtres des flots qui se jettent vainement sur eux et meurent à leurs pieds !

Combien grand, fort et sublime, n'est

point celui que les plus grands revers n'affligent pas plus que ne nous afflige la perte du poil de nos vêtements, que le vent, le temps et l'usage, nous enlèvent tous les jours !

L'homme le plus libre doit être encore le plus libre par rapport aux autres hommes avec lesquels il vit, avec lesquels, un jour ou l'autre, quelque grande que soit sa retraite, quelque profonde que soit sa solitude, il a nécessairement des rapports.

L'homme le plus libre par rapport aux autres hommes sera celui qui aura le plus de justice et d'équité. Si je ne nuis jamais à mes semblables, ils ne me nuiront pas. L'homme injuste est haï, persécuté, par ceux qu'il tourmente ; mais qui haïra, qui persécutera, qui songera même à faire du mal à celui qui est plein de justice et d'équité ? L'homme juste est craint d'une crainte douce ; il est honoré, il est respecté. Ce respect que l'homme juste et équitable inspire aux autres hommes, c'est là ce qui cause sa liberté.

Quelque grandes que soient la justice et l'équité que l'on pratique, il peut néanmoins se trouver des hommes qui nuisent à l'homme équitable et diminuent sa liberté. L'homme, pour être libre, doit aussi être bon. On court durant l'été sous l'ombrage d'un arbre bienfaisant; on aime cet arbre et son ombre, qui permet, en se reposant de ses fatigues, de respirer avec plaisir un air frais et agréable. Ainsi on aime la société d'un homme plein de bonté; on respecte l'homme équitable, on respecte et on aime l'homme bienfaissnt. Et comment ne l'aimerait-on pas ? Peut-on s'empêcher d'aimer le fleuve qui répand la fertilité dans nos plaines; le soleil qui chasse les ténèbres de la nuit, jette ses rayons sur la terre, fait pousser, croître, mûrir le blé qui nons nourrit, l'herbe qui engraisse les troupeaux, la vigne dont le jus nous désaltère en donnant à notre corps de la force, à notre cœur du plaisir et de la joie ? De même on ne peut s'empêcher d'aimer l'homme bon, dont la bouche est toujours ouverte pour une parole de consolation, d'encouragement , d'espérance ; dont la main douce et tendre va déposer dans le sein de la misère l'obole qui chasse la faim, la maladie et la mort.

Avec ces deux conditions, l'équité et la bonté, l'homme, pour être le plus libre, doit en posséder une troisième : il doit avoir une grande douceur. Il existe des méchants qui n'aiment point l'homme juste, des ingrats qui oublient et n'aiment point l'homme bon, et gênent d'une manière ou d'une autre sa liberté : à ces hommes il faut opposer la force de la douceur.

Je ne puis examiner ici comment il se fait que la douceur ait une force si grande sur les hommes les plus pervers, sur les animaux même les plus féroces ; mais cette force de la douceur, sa puissance, son attrait irrésistible, est une chose dont l'évidence nous frappe tous les jours. Que de poignards levés, prêts à s'abaisser pour frapper, se sont arrêtés devant un visage doux, assuré et tranquille, devant une parole de douceur. L'histoire offre mille exemples de traits semblables, qui, lorsque vous en faites la lecture, vous émeuvent, vous attendrissent et vous font pleurer.

Vous avez entendu parler sans doute de ce lion qui, entrant un jour blessé dans sa demeure, y trouva un homme, un esclave fugitif nommé Androclès, qui s'y était réfugié. Ce lion alla droit à cet homme et lui présenta sa patte déchirée et couverte de sang. Androclès lava la blessure et la pansa, employant les plus grandes précautions et la plus grande douceur. A quelque temps de là, Androclès est pris et condamné à être dévoré par les bêtes.

Il est déjà dans l'amphithéâtre. On lâche dans l'arène pour le dévorer un lion affamé. Ce lion bondit et s'élance sur l'esclave; mais tout à coup il s'arrête : puis, témoignant la joie la plus grande, il va se coucher aux pieds d'Androclès. Celui-ci, ému et tremblant, se penche sur le lion, examine ses pattes, cherchant une cicatrice. Il la trouva, cette cicatrice, qu'il arrosa de ses larmes : ce lion était celui qu'il avait pansé et guéri. Le peuple, dans l'étonnement le plus grand et brûlant d'anxiété, interroge Androclès. Il raconte son histoire. On lui pardonna; et, afin que toute la ville fût témoin de la reconnaissance du terrible animal envers son doux bienfaiteur, on le pria d'attacher ce lion avec un cordon et de parcourir avec lui les rues et les promenades publiques. Ce fut la bonté d'Androclès ; ce fut surtout sa douceur qui rendit ce lion reconnaissant, docile et tendre comme un agneau.

Est-il nécessaire d'ajouter à cette preuve pour montrer combien l'homme qui a une grande douceur est puissant et libre au milieu de ses semblables ? Non-seulement il prévient les injures et les contrariétés, mais il attire les autres hommes ainsi que l'aimant attire le fer, et il en est en quelque sorte le maître et le souverain. Les autres hommes l'aiment comme ils aiment et respectent l'homme bon, juste et équitable ; de plus, ils le bénissent; ils prennent ses mains et les baisent; ils les arrosent de leurs larmes, comme le lion léchait les mains d'Androclès dans l'amphithéâtre.

Enfin il y a sur la terre des hommes au cœur dur et insensible, au cœur de tigre, qui ne savent ni respecter, ni aimer, ni bénir : tels ont été les hommes de la Commune de Paris. Pour être l'homme le plus libre, il faut encore une condition afin d'être libre dans les mains, devant les fusils prêts à faire feu de ces hommes, semblables aux tigres et aux hyènes : cette condition est le détachement de soi-même.

Que veulent dire ces paroles : le détachement de soi-même ? Être détaché de soi, c'est ne tenir à rien de tout ce que l'on est et de tout ce que l'on possède, la conscience exceptée et son témoignage ; en sorte que la perte de la fortune, de la santé, de la vie, ne puisse vous causer la plus légère peine, ou du moins soit acceptée par vous avec la plus grande résignation.

Le détachement de soi-même est, en effet, la condition suprême pour donner à l'homme la plus grande liberté. Car qui pourra gêner la liberté de celui qui ne tient à rien de tout ce dont on peut le dépouiller ; qui, après les plus grands malheurs, prononce avec résignation ces paroles de Job : « Dieu m'avait tout donné, il m'enlève tout ; que sa volonté soit faite » ?

Me direz-vous que l'homme détaché de

lui-même est admiré, exalté par les autres,
et que, s'il n'est pas esclave de ses semblables, il l'est assurément de son amour-
propre, que les louanges et la vénération
font naître dans son âme ?

Oui, l'homme juste est respecté; l'homme
bon, aimé; l'homme doux, béni ; l'homme
détaché de lui-même est admiré et vénéré.
On s'empresse autour de lui; on le proclame
grand, admirable, sublime. Mais, quelque
louange qu'on lui donne, il ne s'élève pas
et ne s'enfle pas d'orgueil. On lui répète
qu'il est grand : il ne comprend pas ce que
l'on veut dire ; il s'indigne; il ferme la
bouche à celui qui le loue ; il ne voit que
sa bassesse et il en gémit.

Vous avez entendu parler du curé d'Ars.
On venait pour le voir de tous les points
de la France; les plus grands personnages,
comme les hommes et les femmes du peuple,
les prêtres et les évêques, accouraient à
Ars. Souvent ces derniers montaient en

chaire pour annoncer la parole de Dieu ; et ils ne pouvaient s'empêcher, en terminant, de louer, d'exalter les vertus de ce modeste et pieux curé, dont tout le monde admirait et vénérait la sainteté. Quand ils avaient fini, le saint et humble curé prenait la parole, pleurant, et tout couvert de honte et de confusion ; il disait que l'évêque qui venait de le louer ne le connaissait point, mais que lui se connaissait bien, et qu'il savait qu'il ne valait pas davantage que la semelle d'un soulier usé.

Non, l'homme détaché de lui-même n'est point l'esclave de l'amour-propre. S'il a de l'amour-propre, il n'est point détaché de lui-même.

Ah ! rien n'est admirable comme l'homme complétement détaché de lui-même ; rien n'est grand comme sa modestie et son humilité. Aussi combien sont empressés et sensibles les respects et les déférences que les autres hommes ont pour lui ! Combien grande est sa liberté !

J'ai dit que, pour être libre, l'homme considéré en lui-même doit avoir de la force d'âme : pour être libre considéré par rapport aux autres hommes, pour être détaché de soi-même et être libre, pour être juste et équitable, pour être bon et doux, l'homme doit avoir plus que de la force d'âme : il faut qu'il s'élève au-dessus de lui-même, il faut qu'il ait de la grandeur d'âme.

Ainsi l'homme le plus libre sera celui qui aura le plus de force et de grandeur d'âme.

Pour acquérir cette force et cette grandeur d'âme, une condition est nécessaire : c'est le travail. Plus on travaille, et moins on pense aux autres et à soi ; et, ne pensant point aux autres, on ne cherche point à leur nuire. En pensant peu à soi-même, on ne s'élève point, on ne s'enfle point d'orgueil.

De plus, le travail donne de soi je ne

sais quelle opinion qui éloigne la jalousie :
la jalousie, la chaîne la plus pesante de
l'homme, à laquelle viennent se souder
mille autres chaines, qu'il va traînant péniblement et tristement après lui. En écar-
tant de nous la jalousie, le travail ne nous
donne point de dédain et de mépris pour
les autres, pour ceux mêmes qui nous per-
sécutent ; car il ne laisse pas que de nous
montrer notre bassesse et nos imperfec-
tions, et il nous rend doux, aimables et
modestes ; il nous fait aspirer au Ciel, en
nous détachant des biens passagers et des
trompeuses dignités du monde.

Mais, quelque puissant que soit le travail
pour procurer à l'homme la liberté, il
existe une autre condition plus efficace
encore : c'est la pratique de la religion.

La religion nous ordonne de travailler ;
elle nous donne la raison du travail, et
elle nous offre une récompense éternelle,
infinie, pour les travaux de quelques jours

que nous faisons sur la terre. C'est la religion principalement qui nous apprend à
nous détacher de nous-même, à être doux
et modestes. C'est elle qui nous enseigne
que l'homme doux et modeste possédera
la terre, et que celui qui s'abaissera sera
élevé sur la terre et obtiendra les biens du
Ciel.

A quel degré de liberté êtes-vous arri-
vés, chers amis? Pour moi, je suis bien
loin d'être l'homme le plus libre. Mais ne
me grondez pas ; ne me dites point: « Mé-
decin qui guéris les autres, guéris-toi toi-
même » ; car je m'efforce tous les jours
d'avancer dans le chemin de la perfection,
et c'est là ce que l'on doit exiger seulement. Balmès, dans l'admirable chapitre
de l'Entendement pratique, de son livre
l'Art d'arriver au vrai, remarque avec raison que l'homme le plus parfait a toujours
quelques restes d'orgueil qu'il doit com-

battre, qu'il peut diminuer de plus en plus, mais qu'il ne peut déraciner entièrement. Combattre ses défauts, les diminuer, augmenter ses qualités, faire tous ses efforts pour avancer dans la voie de la perfection : c'est là le devoir de l'homme, et ce que l'on doit seulement exiger de lui.

Plus l'homme combat ses défauts, plus il lutte contre l'orgueil, en travaillant, en aimant Dieu et le servant, et plus il est libre.

Être libre dans les chaînes de ses défauts et de son orgueil, en luttant et priant sans cesse : voilà la vraie liberté de l'homme.

Combien la France, combien l'Europe serait tranquille et paisible, si les hommes entendaient la liberté comme je viens de la définir dans cette lettre, s'ils voulaient et ne cherchaient que cette liberté ! On écrirait alors sur les monuments publics : Détachement, Humilité, Charité. Oui, la

France ne serait point tant agitée qu'elle
l'est depuis la fin du dernier siècle, si
les gouvernements avaient l'équité et la
douceur de Pie IX, et si les peuples avaient
l'humilité et l'abnégation du cardinal Panebianco.

Que Dieu vous donne de plus en plus
l'amour du travail ; qu'il vous fasse la grâce
de l'aimer et de le servir avec une ferveur
croissante ; qu'il vous accorde la force et
la constance pour régler vos désirs, diminuer vos besoins, vous soumettre aux
nécessités de la vie ; qu'il fasse augmenter
votre justice, votre bonté, votre douceur,
votre détachement de vous-même, afin que
vous soyez les hommes les plus libres et
les plus heureux ; qu'il accorde aussi cette
grâce à moi, qui la lui demande chaque
jour!

FIN.

TABLE

                                          Pages

Préface   V

Le travail est-il la liberté?.......   11

Quel est l'homme le plus libre?... 83

DU MÊME AUTEUR :

—

GEORGES ET LOUISE

Un vol. Charpentier.